Tércio Felippe Mucedola Bamonte

Especialista em Direito Penal e Direito Processual Penal pela Universidade Presbiteriana Mackenzie
Advogado Criminalista e Professor de Direito Penal e Processo Penal

MANUTENÇÃO DA ORDEM PÚBLICA NO PROCESSO PENAL

Aspectos doutrinários e jurisprudenciais sobre a Manutenção da Ordem Pública e sua legalidade

2ª Edição – 2017

ISBN 9781549895678

*Para os defensores da Lei e da **Liberdade**, motivo principal da existência humana.*

SUMÁRIO

1	Introdução
2	Prisão Preventiva
2.1	Caráter Transitório
3	Ordem Pública
3.1	Noção Histórica e teórica
3.1.1	Clamor Público
3.2	Aspectos Doutrinários
3.2.1	Credibilidade do Judiciário
3.2.2	Notoriedade Pública
3.2.3	Gravidade do Delito
3.2.4	Periculosidade do Agente
3.2.5	Proteção do Réu
3.2.6	Reiteração da Prática Criminosa
4	Conceitos
4.1	Conceito Doutrinário de Ordem Pública
4.1	Conceito Jurisprudencial de Ordem Pública

5	Projetos de Lei

6	Poder de Polícia e Ordem Públicas

6.1	Formas de manutenção da ordem pública

6.2	Poder Judiciário na manutenção da ordem pública

6.2.1	Repressão à violação da ordem pública

6.2.2	Restauração da ordem pública

CONCLUSÃO

REFERÊNCIAS BIBLIOGRÁFICAS

PREFÁCIO

Quando iniciei este estudo, em 2009, percebi que não havia uma obra sequer dedicada ao assunto publicada no Brasil. Quando muito, encontrava notas em doutrinas ou em códigos anotados e comentados.

O que muito me incomodava era o fato de que diariamente eram (e são) proferidas decisões que mantém a prisão preventiva – ou confirmam flagrante – nas mais diversas instâncias, com base na manutenção da ordem pública.

Desde a criação deste termo, como você verá nesta obra, o juiz – Estado ganhou superpoderes, podendo decretar e manter a prisão de um cidadão somente com base nos murmurinhos sociais, ou em convicções pessoais totalmente equivocadas e sem amparo legal ou constitucional.

Com a deflagração de operações espalhafatosas, como a Lava Jato, as prisões abusivas ficaram mais evidentes, mas não são novidade dentro do universo jurídico brasileiro.

Os efeitos de uma prisão precipitada e ilegal são devastadores na vida do cidadão, qualquer que seja a posição social que ocupa.

O caso do suicídio do professor Luiz Carlos Cancellier de Olivo (Reitor da UFSC), em 2017, após ser acusado e preso preventivamente por conta de mais um inquérito espalhafatoso, é emblemático para a questão do abuso nos decretos prisionais.

A nota emitida pela Ordem dos Advogados do Brasil foi bastante contundente e esclarecedora, e merece reprodução:

"Fomos hoje surpreendidos com a morte, em Florianópolis, do reitor da Universidade Federal de Santa Catarina, Luiz Carlos Cancellier de Olivo.

No bilhete que deixou, o professor Cancellier escreveu: "Minha morte foi decretada no dia da minha prisão". Sobre o professor Luiz Carlos Cancellier de Olivo não pesava nenhuma acusação de corrupção.

A acusação contra ele foi "não ter dado sequência ao processo administrativo de apuração" de casos de corrupção ocorridos antes de ele assumir a reitoria da Universidade Federal de Santa Catarina - UFSC, nos quais não teve qualquer participação.

Mesmo assim foi preso provisoriamente, impedido de ingressar na Universidade e teve sua imagem brutalmente exposta.

Assistimos no Brasil à banalização das prisões provisórias e das conduções coercitivas abusivas, realizadas quase sempre de forma espetacular e midiática, sem nenhuma preocupação com a preservação da imagem daqueles que sequer culpados podem ser considerados.

É preciso que a sociedade brasileira e a comunidade jurídica discutam o que efetivamente queremos construir. E nós, a Diretoria do Conselho Federal e o Colégio de Presidentes de Seccionais, afirmamos que queremos o respeito à lei, às garantias constitucionais do cidadão e à garantia da presunção de inocência, para que amanhã não reste, aos ainda não culpados, somente a vergonha, a dor, o opróbrio e o sentimento de injustiça.

Não nos peçam o linchamento. Queremos a apuração de todos os fatos e de todas as acusações. Mas conclamamos a todos a dizer não ao culto ao autoritarismo e ao processo penal como instrumento de vingança.

Apurar e punir, sim. Violar o devido processo legal, a dignidade da pessoa humana e a presunção de inocência, nunca.

Diretoria do Conselho Federal da OAB
Colégio de Presidentes de Seccionais da OAB"[1]

---

[1] http://www.conjur.com.br/2017-out-03/morte-reitor-oab-ataca-espetacularizacao-processo-penal?utm_source=dlvr.it&utm_medium=facebook (acessado em 04/10/2017)

1. INTRODUÇÃO

A prisão preventiva, ou prisão processual de caráter cautelar é dotada de elementos que, presentes, autorizam o juiz de direito a decretá-la. Para tanto, basta que nos autos existam elementos suficientes que façam o julgador se convencer de que o acusado ou réu não deva permanecer no convívio com a sociedade, pelo lapso temporal que perdurarem as razões da decisão.

Não raro encontrar na jurisprudência pátria casos emblemáticos de presos preventivos por dois, três, quatro anos ou mais. Estes homens e mulheres já cumprem verdadeira pena antecipada por crimes que sequer foram julgados.

A face obscura do Judiciário está no fato de que uma grande parte dos segregados está privado do convívio de suas famílias, por conta de um elemento subjetivo contido na legislação, que seguramente traduz injustiça e insegurança jurídica.

O texto do artigo 312 do Código de Processo Penal, que é alvo de constantes críticas por conta de parcela da doutrina e quase que unanimidade da advocacia criminal no país, faculta o juiz a decretar a prisão do acusado com base na *manutenção da ordem pública*.

Termo cunhado na antiguidade, a ordem pública se confunde com segurança pública, clamor público, notoriedade pública, periculosidade do agente, gravidade do crime, proteção ao criminoso e ultimamente vem simbolizando a credibilidade do Poder Judiciário. Tantas são as tentativas de definição que pergunta-se onde chega a imaginação humana para explicar algo que não tem tangibilidade alguma.

Segurança Jurídica. O termo significa que a sociedade espera determinada reação estatal, com base na lei, mediante uma ação de um determinado indivíduo. O pilar daquilo que a sociedade espera é a constituição. E o que a sociedade espera quando tem instituído um Estado

Democrático de Direito, é justamente a aplicação da lei, com base na constituição, e depois no que determinam as leis federais, e assim por diante. Suas características mais relevantes são: a soberania do Estado Nacional, a unidade do ordenamento jurídico, a divisão dos poderes estatais, o primado da lei sobre outras fontes de proteção jurídica, o reconhecimento da certeza do Direito como valor político fundamental, a igualdade formal dos cidadãos perante a lei, o reconhecimento e a proteção de direitos individuais, civis e políticos, a garantia constitucional, a distinção entre público e privado e a afirmação da propriedade privada e da liberdade de iniciativa econômica.[2]

        Tem-se por justo e perfeito, portanto, que dentro de um Estado Democrático de Direito a segurança jurídica do cumprimento dos mandamentos legais seja estreito e inquestionável. Certo também, como já fora salientado, que a lei

---

[2] ANJOS FILHO, Robério Nunes dos, disponível em http://www.ibec.inf.br/roberio.pdf - acessado em 21.01.2009

deve primar sobre outras fontes de proteção jurídica, e que ela deve servir como pauta para todos os julgamentos.

O mínimo, então, que se deve esperar de um Estado Democrático de Direito é a segurança jurídica que a lei confere e as instituições devem ser capazes de respeitar e fazer cumprir.

O problema surge quando a lei dá margem a interpretações, que o momento político e social é capaz de proporcionar ao julgador, deixando ao encargo da subjetividade o cumprimento e interpretação da norma, o que nem sempre atende aos reais anseios da sociedade.

Magistrado, juiz, árbitro, órgão colegiado e julgador. Nenhum destes entes que compõe os pacificadores e solucionadores de conflitos são alheios aos eventos sociais e políticos cotidianos. Afetados estão pelos formadores externos de opinião, deturpando – por óbvio – aquilo que se entende por justiça ou aplicabilidade da lei.

Não se poderia exigir menos destes dedicados servidores da paz social, afinal a condição humana demanda a sociabilidade e o direito também depende do entendimento dos costumes para existir como fato e ciência. E a própria imparcialidade fica comprometida, ante os vícios que são impostos ao julgador, garantindo seu 'livre convencimento' acima de tudo e, claro, com base legal.

    O que se verá neste breve estudo, é a existência de um termo legal que não merece qualquer crédito, senão daqueles que o utilizam à sua bel necessidade, com a justificativa de que o faz em prol da sociedade, a necessidade de mudança para que a justiça no país se aperfeiçoe e, por último mas não de menor importância, a delimitação do papel do Poder Judiciário na manutenção da ordem pública, incumbência que a princípio seria da polícia e hoje cabe a cada indivíduo que compõe a sociedade.

2. PRISÃO PREVENTIVA

Razão principal da existência e da necessidade da manutenção ordem pública, excluída a prisão em flagrante – onde, em tese, está explícita a necessidade da manutenção da custódia – a prisão preventiva é costume jurídico no ordenamento brasileiro. O Código de Processo do Império já tinha disposição:

Art. 175 "Poderão também ser presos, sem culpa formada, os que foram indiciados em crimes, em que não tem lugar a fiança; porém, nestes, e em todos os mais casos à exceção dos de flagrante delito, a prisão não pode ser executada senão por ordem da autoridade legítima".

Esta disposição foi continuada no Regulamento nº 120, de 31 de janeiro de 1842 (art. 114), e a Lei nº2.033, de 20 de setembro de 1871. Esta, entretanto, conferiu-a exclusivamente ao juiz, ao contrário das precedentes, que a concediam à *autoridade*; empregava-se também, pela primeira vez, a expressão *preventiva*.³

Em Decreto de 23 de maio de 1821, nota-se que já havia preocupação imperial acerca das arbitrariedades cometidas por governadores, juízes e magistrados, o que forçou à promulgação de texto legal:

> 'E constatando-se que alguns Governadores, Juízes Criminais e Magistrados, violando o sagrado depósito da jurisdição que se lhes confiou, mandam prender por mero arbítrio, e antes de culpa formada, pretextando denúncias em segredo, suspeitas veementes e outros motivos horrorosos à humanidade, para impunemente conservar em masmorras, vergados com o peso de ferros, homens que se congregaram por bens que lhes oferecera a instituição das sociedades civis, o primeiro dos quais é sem dúvida a segurança individual; E sendo do meu primeiro dever e desempenho de

---
³ NORONHA, E. Magalhães. *Curso de Direito Processual Penal.* 28ª ed. São Paulo: Saraiva, 2002. p. 222

> minha palavra o promover o mais austero respeito à lei (...), por este Decreto ordeno: Que desde a sua data em diante nenhuma pessoa livre no Brasil possa jamais ser presa sem ordem por escrito do juiz ou do magistrado criminal do território, exceto somente o caso de flagrante delito, em que qualquer do povo deve prender o delinqüente.[4]

Já em vigor o Código de Processo Penal, na redação conferida pela Lei nº 5.349, de 03 de novembro de 1967, admitiu-se a prisão preventiva obrigatória nos crimes punidos com pena de reclusão igual ou maior a dez anos. Já prevista também estava a faculdade (art. 313) de decretação da prisão preventiva, como garantia da ordem pública, por conveniência da instrução criminal ou para assegurar a aplicação da lei penal.

No instituto processual moderno, com redação dada pela Lei nº 12.403/2011 de 04 de maio de 2011, o artigo 312 manteve todo o texto anterior

---

[4] CORREA, Plínio de Oliveira. *Legitimidade da prisão no direito brasileiro*. 2ª Ed. Porto Alegre: SAGRA, 1991.p.77

(parte do artigo 313 antigo), acrescentando a necessidade da prova de existência do crime e indício suficiente de autoria.

Não é novidade a enxurrada de críticas que o ordenamento legal possui, e é atinente nos pressupostos autorizadores da decretação da custódia cautelar que residem os perigos mais costumeiramente apontados. Magalhães Noronha [5] defende que os argumentos contrários se dão por conta da falibilidade da prova que suprime a liberdade do indivíduo inocente. Um 'mal necessário' também já foi delineado como adjetivo da prisão preventiva.

De fato, em se tratando de direitos e garantias individuais, seria inadmissível a ocorrência da segregação da liberdade sem a formação de uma convicção definitiva acerca da responsabilidade criminal.

---

[5] Ob. cit., pág. 223.

A supressão legal de um critério objetivo na decretação da prisão, diga-se da obrigatoriedade de sua decretação na ocorrência de crimes com pena de reclusão maior ou igual a dez anos, e a manutenção de critérios eminentemente subjetivos, quais são a manutenção da ordem pública e econômica, criou verdadeiro abismo entre sua aplicabilidade e o cumprimento das garantias fundamentais.

Decerto que o caráter obrigatório da prisão por conta do tempo de pena prevista trouxe inúmeros prejuízos, posto que o direito individual ficava totalmente suprimido, em detrimento da certeza legal de que a gravidade do crime deveria importar em segregação imediata.

Contudo, o grande mérito do legislador, que foi a atribuição de faculdade ao juiz (embora o termo juiz tenha sido suprimido do ordenamento) da decretação da prisão preventiva, também traduziu-se em armadilha que somente seria descoberta outrora.

De forma simples e como fora definido por Nucci[6], os requisitos para a decretação da prisão preventiva são, no mínimo três: prova da existência do crime (materialidade) + indício suficiente de autoria + uma das situações descritas no artigo 312 do Código de Processo Penal, a saber: a) garantia da ordem pública; b) garantia da ordem econômica; c) conveniência da instrução criminal; d) garantia da aplicação da lei penal.

Os elementos subjetivos presentes na lei processual são, como já fora dito, verdadeiras armadilhas ao julgador menos preparado para o decreto prisional, afinal a ordem pública – mais especificamente – com facilidade se encaixa em qualquer situação de fato, mas dificilmente convence a todos e a doutrina é praticamente unânime neste sentido. Também não há dúvidas no sentido jurisprudencial dos mais diversos direcionamentos

---

[6] NUCCI, Guilherme de Souza. *Manual de Processo e Execução Penal*. 5ª Ed. São Paulo: RT, 2008. p.356

jurídicos ao termo, e à constante revogação de inúmeros decretos prisionais proferidos diariamente.

2.1 Caráter transitório

A prisão tem caráter punitivo, pelo sentido único da palavra. Também ao preso, se perguntado, certamente dirá que paga pelo que não fez. Pouco importa ao leigo qual o caráter da prisão. Segregação é humilhação, desespero, sofrimento. CARRARA[7], dentre muitos, opôs alguns reparos à prevenção carcerária, referindo-se à desmoralização de quem não é culpado, à depressão de seu sentimento de dignidade, à diminuição do conceito de que desfruta, à memória que se conserva dessa prisão, concluindo que a passagem pelo cárcere deixa, no desventurado, indelével mácula.

---
[7] in Magalhães Noronha. Ob cit., p. 222.

O caráter preventivo, transitório e cautelar que reveste a prisão preventiva somente vai tomando contornos quando o réu ou acusado tem conhecimento e noção dos estabelecimentos prisionais, da lei que deveria protegê-lo e da situação carcerária que se encontra.

Em estabelecimentos prisionais paulistanos, os Centros de Detenção Provisória servem ao propósito de manter recolhidos os presos preventivamente, ou aqueles que ainda não tem sentença[8].

A ONU concluiu em estudos realizados[9] que o caráter provisório da prisão preventiva, em

---

[8] Não se fala em sentença com trânsito em julgado, porque o simples fato de que exista uma condenação já pressupõe para o Estado que não existe mais provisoriedade na prisão, e o réu é encaminhado a um estabelecimento penitenciário, em total desacordo ao que recomenda a ONU.

[9] TORNAGHI, Hélio. *Manual de Processo Penal. V. 1.*São Paulo: Freitas Bastos, 1963. p. 221.

"*6.Régimen aplicable em los estabelecimientos de detención o prisión:Em La mayor parte de los países las leyes reconocen que El* alguns países em que esta era prevista em lei, deveria ser tratada de outra forma, no regime de encarceramento.

Beccaria já desenhando e delimitando as bases do direito moderno, disse com propriedade ímpar que

> um homem não pode ser considerado culpado antes da sentença do juiz; e a sociedade

---

detenido o preso preventivamente debe estar sujeto a un régimen basado em La presunción de que ES inocente mientras no se haya probado su culpabilidad conforme a la ley, y que no se Le debe aplicar El mismo régimen que a los reclusos ya condenados." Em caráter mais moderno, foram editadas as regras mínimas para o tratamento aos reclusos: C.- Personas detenidas o en prision preventiva: 84. 1) A los efectos de las disposiciones siguientes es denominado "acusado" toda persona arrestada o encarcelada por imputársele una infracción a la ley penal, detenida en un local de policía o en prisión, pero que todavía no ha sido juzgada. 2) El acusado gozará de una presunción de inocencia y deberá ser tratado en consecuencia. 3) Sin perjuicio de las disposiciones legales relativas a la protección de la libertad individual o de las que fijen el procedimiento que se deberá seguir respecto a los acusados, estos últimos gozarán de un régimen especial cuyos puntos esenciales solamente se determinan en las reglas que figuran a continuación. http://www2.ohchr.org/spanish/law/reclusos.htm. acessado em 12.08.2009.

apenas lhe pode retirar a proteção pública depois que seja decidido que ele tenha violado as normas em que tal proteção lhe foi dada. Apenas o direito da força pode, portanto, dar autoridade a um juiz para infligir uma pena a um cidadão quando ainda se está em dúvida se ele é inocente ou culpado[10]. O acusado não deve ser encarcerado senão na medida em que for necessário para impedi-lo de fugir ou de ocultar as provas do crime.

E completa Magalhães Noronha[11]:

a prisão preventiva se justifica por sua finalidade que é tríplice: é providência de segurança, é garantia da execução da pena e asseguradora da boa prova processual. No primeiro caso, evita que o delinqüente pratique novos crimes e que seja vítima da vindita popular, do ofendido ou de sua família. No segundo, garante a execução da pena, impedindo sua fuga e, dessarte, subtraindo-se aos efeitos penais e mesmo civis da condenação. No terceiro,

---

[10] BECCARIA, Cesare. *Dos Delitos e das Penas*. (Tradução J. Cretella Jr e outra). 2ª Ed. São Paulo: RT, 1999. 2ª Ed. 1999.
[11] Ob cit. p. 222

> diz respeito à instrução criminal, obstando a ação do criminoso, seja fazendo desaparecer provas do crime, seja apagando vestígios, subornando testemunhas, enfim, impedindo com sua atividade que a prova seja o que devia ser. Ela é, assim, *providência de segurança, garantia da execução da pena e meio de instrução.*

De fato não seria necessário ressaltar, ou até mesmo fazer constar, que em um regime democrático, onde as garantias fundamentais têm tanta relevância, a decisão deve ser fundamentada. Ainda mais em se contando com um dispositivo legal (art. 312 do CPP) que oferece a subjetividade ao juiz, e esta exige naturalmente uma justificativa, uma fundamentação fática e dentro de parâmetros mínimos de razoabilidade.

No entanto, o caráter transitório da prisão preventiva não lhe extirpa as conseqüências nefastas. Não basta prender, ainda que os elementos estejam visíveis. Eles devem constar dos autos e, se possível, serem sopesados mais de uma vez. A seriedade de um decreto prisional preventivo e suas conseqüências dentro de uma vida, por vezes de todo um núcleo social não podem ser ignoradas.

Comparar à tortura o decreto de prisão preventiva e seu efetivo cumprimento é exagero, na medida em que não é admitida a condição humilhante e repressiva pela qual passa o preso. A prisão não é regra, e deve ser exceção, a todo custo.

Decerto que o cuidado excessivo que se propõe não pode se traduzir em grilhões para o próprio magistrado, afinal o instituto da prisão preventiva vem servindo por vezes ao Estado e á sociedade como instrumento de garantias, que sem ele não existiriam (instrução criminal, aplicabilidade da lei penal).

3. ORDEM PÚBLICA

Prescrito no atual artigo 312 do Código de Processo Penal o termo "ordem pública" é instrumento de discussão prática de grande relevância no cenário jurídico nacional. Alvo de críticas pela quase unanimidade dos defensores criminais, e óbice imprescindível ao exercício do poder de polícia do Estado, a ordem pública sofre mudanças significativas em seu conteúdo no decorrer da história.

3.1 Noção Histórica e Teórica

A noção primária de ordem pública está diretamente ligada ao bem estar social, à segurança que se espera do Estado no combate ao crime e à própria sensação de impunidade. Em suas origens, encontram-se diversos institutos, entre eles o do clamor público e dos guardiães romanos dos costumes.

3.1.1 Clamor Público

Commemoretio sub publico testimonio[12], ou o clamor público, teve sua primeira notícia em Roma, e tinha por serviço o apontamento para um flagrante delito. As testemunhas de um delito praticado *(quiritatio)*, gritavam e apontavam o culpado sob gritos de *Adeste quirites! Adeste commilitiones!* O Parlamento de Paris, em 1274 determinava o clamor na perseguição dos criminosos.

Em estado de flagrância ou não, a pessoa apontada pelo ofendido ou pelas testemunhas como sendo o delinqüente era preso, com base no clamor

---

[12] ACQUAVIVA, Marcus Cláudio. *Dicionário Jurídico Brasileiro*. 12ª Ed. São Paulo: Jurídica Brasileira, 2004. p.246.

público. João Mendes, citado por Acquaviva[13] adverte que não se deve confundir clamor público, que consiste em uma sorte de aclamação, ao mesmo tempo precisa e enérgica, com o rumor público, que não passa de um ruído surdo, vagamente espalhado e sem provas, ou com a notoriedade pública, que vem dar ao rumor uma certa consistência, mas somente algum tempo depois da consumação do crime.

  Por conceito, o clamor público é acusação oral de um crime que acaba de ser perpetrado ou que está sendo praticado, feita pelo povo contra o delinqüente desde o momento do delito e em sua perseguição, exigida, outrora, para que se caracterizasse o flagrante delito. Seria o concurso de testemunhas de um crime que, espontaneamente, correm no encalço do criminoso, pedindo a repressão das autoridades competentes, denotando que o perseguido é o autor do ato delituoso. É a

---

[13] Ob cit. p. 302

indignação popular que pode apresentar-se em comícios ou em concentrações.[14]

O que se exige para o clamor público atualmente é o alto brado de uma massa significativa de pessoas, não mais somente para deter-se um indivíduo em flagrante delito, mas para decretar-se sua periculosidade e o nível de desassossego social que traz a sua liberdade. A imprensa presta este serviço à justiça ou injustiça de alguns, atraindo vozes incautas e desconhecidas ao clamor público, trazendo falsa notoriedade ao que publica.

O clamor público (ou notoriedade) norteia diversos decretos prisionais preventivos, sendo elemento subjetivo paralegal que se incorpora no cotidiano jurídico nacional, o que em muitos sentidos se confunde com a ordem pública.

Ainda que o clamor público tenha sentido estrito mais ligado com a noção moderna de ordem

---

[14] DINIZ, Maria Helena. *Dicionário Jurídico*. São Paulo: Saraiva, 1998. p. 590

pública, encontrado é no Direito Romano, onde o termo 'ordem pública' ainda não tinha origem. O conceito, entretanto, estava no termo *mores*. O que se extraía do *mores populi romani* é que existia um ente público designado para proteger os costumes, o censor, que detinha poder de repressão em caso de quebra do costume.

Em evolução temporal, o termo passa a significar bons costumes, e mais tarde interesse público. Já beirando a modernidade, com o advento do bem estar social, a Ordem Pública se hipertrofia e passa a ser o conceito instrumental para o alargamento do papel interventivo do Estado nos vários campos da atividade humana[15].

---

[15] MEIRELLES, Hely Lopes e outros. *Direito Administrativo da Ordem Pública*. 2º Ed. Rio de Janeiro: Forense, 1987. p. 128

3.2 Aspectos doutrinários

A referência já realizada anteriormente sobre o caráter subjetivo de alguns dos elementos que autorizam a prisão preventiva terá como merecedor de maior destaque aquele que trata da ordem pública. Aspecto subjetivo, por definição é aquele pertinente ou característico de um indivíduo, aquilo que é impalpável, abstrato.

Inicialmente talvez o que veio a dirigir o pensamento do legislador, quando cunhou o termo 'ordem pública' no ordenamento processual foi o norte de CARRARA[16], cuja linha de pensamento em torno da pena dita linhas curiosas.

---

[16] Carrara, Francesco. *Programa do curso de direito criminal*. (Tradução de Ricardo Rodrigues Gama). Campinas: LZN, 2002.

§615

O fim primário da pena é o restabelecimento da ordem externa da sociedade.

§617

Mas o delito ofendeu à sociedade, violando suas leis; ofendeu a todos os cidadãos, diminuindo neles a opinião da própria segurança e criando o perigo do mau exemplo. §618 O perigo do ofendido já é agora irremediavelmente passado, porque se converteu em um mal efetivo. Mas o perigo que ameaça a todos os cidadãos principiou agora, isto é, o perigo de que o perverso, se for deixado impune, contra outros renove as suas ofensas, e o perigo de que outros, encorajados pelo mau exemplo, também se entreguem a violar as leis. Isto excita, naturalmente, o efeito moral de um temor, de uma desconfiança na proteção da lei, em todos os associados que nutrem, à sua sombra, a consciência da própria liberdade.

§619

Este dano inteiramente moral (§118) cria a ofensa a todos na

> *ofensa de um, porque perturba o sossego de todos. A pena deve reparar esse dano com o restabelecimento da ordem, perturbada pela desordem do delito. O conceito de reparação, com o qual exprimimos o mal da pena, tem em si implícitas as três resultantes da correção do culpado, do encorajamento dos bons e da advertência aos mal inclinados. §643 (a pena) Deve ser pronta, pois no intervalo entre o delito e a punição a força moral objetiva do delito continua a exercer os seus funestos efeitos, que, em conseqüência, vêm a ser tanto mais perniciosos quanto mais prolongados.*

As idéias principais de Francesco CARRARA circularam no princípio de que a pena deveria ser imediata, a ponto de restabelecer a ordem externa da sociedade que foi violada com o cometimento do crime. A ofensa a um indivíduo se consubstancia diretamente em um ofensa à sociedade, que tem seu equilíbrio descompensado, e merece tê-lo refeito com a imposição da pena.

Reputar por superado este pensamento, seria prematuro, ainda mais em se encontrando na lei processual penal em vigor no país – e que teve alteração há pouco mais de 15 anos – a obrigatoriedade do Poder Judiciário em contribuir para a manutenção da ordem pública por meio de um decreto prisional provisório e baseado em um caráter eminentemente subjetivo.

A obra de Carrara[17] é de perfeito enquadramento no ordenamento pátrio, e também em muitas das decisões que pautam a custódia cautelar no território nacional.

> (...)a custódia preventiva atende a uma tríplice necessidade: a) necessidade de justiça, na medida em que afasta a fuga do réu; b) necessidade de verdade, na medida em que obsta que o réu confunda as atividades da autoridade policial, destrua os vestígios do delito ou intimide as testemunhas e c) necessidade de defesa pública, na medida em que

---
[17] Ob. cit., p. 466

impede a certos delinqüentes, pendente o processo, continuar seus ataques ao direito alheio(...)

A sensibilidade da gravidade do crime cometido deverá, para Carrara, estar diretamente correlacionada ao tipo e quantidade de pena, sem olvidar que também isto exigirá uma punição mais imediatista e pronta. Sem esta imediata punição, não haverá sensação de segurança social para o restabelecimento do equilíbrio perdido pela sociedade.

Do que se extrai do pensamento de Carrara e também do que unge o Supremo Tribunal Federal[18] - com claras divergências internas – mais simples de se entender o sentido hodierno do termo ordem pública.

Diversa é a conceituação de ordem pública por parte da doutrina e também da jurisprudência, o que será tratado mais adiante.

---

[18] HC 84.658/PE, rel. Min. Joaquim Barbosa, DJ 03.06.2005

Alvaro Lazzarini[19] traduziu com presteza a dificuldade existente na conceituação de ordem pública e os problemas que são encontrados. Na verdade[20], nada mais incerto em direito do que a noção de ordem pública. Ela varia no tempo e no espaço, de um para outro país e, até mesmo em um determinado país de uma época para outra. Nos anais da jurisprudência, aliás, tornou-se conhecida a frase do Conselheiro TILLON, da Corte de Cassação de Paris, de que procurar definir o termo ordem pública é aventurar-se a pisar em areias movediças.

3.2.1 Credibilidade do Judiciário

Nucci se aventurando em terreno arenoso, mas com convicção e determinação conceitua a *garantia da ordem pública* com sendo

---

[19] Meirelles, Hely Lopes e outros. Ob. cit., p. 149
[20] Tribunal de Apelação de São Paulo – 2ª Câmara, apel. 5.019, de São Paulo, v.u. Rel. Des. Mário Guimarães. RT v. 119, p. 292.

hipótese de interpretação mais ampla e insegura na avaliação da necessidade da prisão preventiva.[21]

Entende-se pela expressão a indispensabilidade de se manter a ordem na sociedade, que, como regra, é abalada pela prática de um delito. Se este for grave, de particular repercussão, com reflexos negativos e traumáticos na vida de muitos, propiciando àqueles que tomam conhecimento da sua realização um forte sentimento de impunidade e de insegurança, cabe ao Judiciário determinar o recolhimento do agente.

E continua lecionando que a garantia da ordem pública deve ser visualizada pelo trinômio *gravidade da infração + repercussão social + periculosidade do agente.*

Pelo que se extrai do entendimento de Nucci, somado ao imediatismo da pena de Carrara e sua sensibilidade ao grau de reprovação do crime e o dever se sensação de equilíbrio social, a prisão

---

[21] Ob. cit. p. 604

preventiva prescinde apenas do apontar um agente criminoso. Não se discute a necessidade de indícios de autoria ou prova a materialidade, mas a aprovação social do poder de detenção de um indivíduo com base em cognição sumária de um crime.

Muitos julgamentos[22] vêm pautando a manutenção da prisão preventiva como sendo a credibilidade do Judiciário[23], parte da manutenção da ordem pública. Mais uma vez retorna Carrara, o imediatismo e a sensação de impunidade. Com a *vênia* dos ínclitos julgadores, a credibilidade do Judiciário é mais arranhada a longo prazo com a insegurança jurídica do que com a satisfação dos anseios da imprensa.

---

[22] Tribunal de Justiça do Estado de São Paulo. Habeas Corpus 993.08.044581-8. Rel. Canguçu de Almeida. 10.06.2008. v.u., disponível em www.tj.sp.gov.br, acessado em 03.03.2010.

[23] *"No conceito da ordem pública, não se visa apenas prevenir a reprodução de fatos criminosos, mas acautelar o meio social e a própria credibilidade da justiça em face de gravidade do crime e de sua*
repercussão." (Supremo Tribunal Federal, Min. Carlos Madeira, RTJ 124/033).

Embora os julgadores não estejam alheios á sociedade, seus anseios e devaneios, deve ter a consciência do que constitui o sensacionalismo, e do que é realmente o clamor popular. Direcionar a credibilidade do Judiciàrio à manutenção da ordem pública é atitude pueril e impensada, afinal o estrito cumprimento da lei e a imparcialidade não podem ser afetados pela vaidade ou pelo gosto de um, outro ou da maioria.

A doutrina, acompanhando a jurisprudência chega próxima à unanimidade quando se trata da credibilidade do Judiciário. Mirabete[24] concordando com Nucci conceitua a Ordem Pública como não se limitando a prevenção de fatos criminosos, mas também a acautelar o meio social e a própria credibilidade da justiça em face da gravidade do crime e de sua repercussão.

---

[24] MIRABETE, Julio Fabrini. *Processo Penal*. 18ª Ed. São Paulo: Atlas, 2005. p. 391.

De gravidade ímpar, a preocupação com credibilidade por parte do Poder Judiciário ao proferir decisões, alcançou maior relevância com a manifestação do Ministro Sebastião Reis, do Superior Tribunal de justiça:

"Hoje em dia, não é mais necessário ter coragem para prender alguém, mas para absolver um inocente".

A matéria publicada pelo Conjur[25] ilustra uma parcela do Judiciário controlada pelo termômetro da mídia, pouco importando o caráter subjetivo que deve permear cada decreto absolutório ou prisional.

Prossegue a matéria com declarações bastante polêmicas do Ministro:

---

[25] http://www.conjur.com.br/2017-set-15/mp-usa-midia-forcar-condenacoes-leis-imorais-ministro (acessada em 04/10/2017)

A omissão das instituições, apontou, levou o Brasil a uma situação absurda, onde as pessoas precisam ter coragem para defender o que acham justo. A presunção de inocência, segundo ele, acabou. E um dos motivos disso é uso indevido da mídia por instituições. "Quem é exposto na imprensa, independente se de maneira justa ou injusta, do dia para noite está condenado", lamentou.

Ele acredita que a internet piorou esse quadro: "Os sites nunca mais vão apagar qualquer tipo de investigação que houve contra você. Se digitar o nome da pessoa, vai aparecer. E eventuais desmentidos, conclusões negativas em processo, são divulgadas de forma fria, gélida até a contragosto, sem ocupar o mesmo espaço da ocasião da acusação."

É estranho um país onde se lê reportagens sobre a aprovação pública dos ministros da corte constitucional, afirmou. Para Reis, isso é prejudicial para o devido processo legal, porque parece que o juiz deve decidir pensando no que a população vai achar da decisão, na repercussão positiva, em vez de exercer a função com consciência e decidir de acordo com o que entende.

3.2.2 Notoriedade Pública

Conforme já fora explanado, e adotando a conceituação de João Mendes, a notoriedade pública pauta boa parte das decisões que obtêm algum destaque na mídia. Toda e qualquer nota publicada já é motivo para se alegar a notoriedade e se requerer a decretação da prisão preventiva.

O julgamento do *habeas corpus* do réu Alexandre Nardoni[26] por parte do Tribunal de Justiça do Estado de São Paulo teve como pauta coadjuvante a repercussão social do caso, que não se resignou a citar outro julgamento famoso, mas fez constar alarmante manifestação ministerial[27] que em sapiente, porém desvelado voto, revelou que o íntimo do julgador pouco importa diante da necessidade de 'justiça' da sociedade.

---

[26] HC n° 993.08.044581-8. TJSP.
[27] Ibid. *Ministros Paulo Medina, Hamilton Carvalhido e Paulo Gallotti*

O Ministro Paulo Medina, seguido por colegas, teve por voto declarado o ímpeto que o levou a denegar a liberdade da paciente Suzanne Von Richtoffen:

> *"Porém estou dizendo que há casos excepcionais, há casos desiguais, que não vamos tratar com igualdade não, vamos tratar desigualmente. Neste caso específico - não em outros casos, não estou, portanto, permitindo uma abertura grande para que se possa argüir precedentes - não é aconselhável, não é prudente, não é razoável, que se dê soltura à paciente. Isso por meio, Ministro Hamilton Carvalhido, do clamor público. Sabemos que o clamor público não condena ninguém, assim como o clamor público não pode prender ninguém, mas há, também, decisões que entendem que o clamor público, excepcionalmente, pode conduzir à prisão. É por isso que entendo que o clamor público existe; existe sim, existe na vizinhança que não a quer, existe na sociedade que não a quer, existe na instabilidade local que não há quer, existe na comunicação que não há quer,*

comunicação muito criticada pela defesa, comunicação muito criticada, sutilmente, pelo Ministro-Relator. A comunicação que é indispensável, que não criou o parricídio, não criou a morte da mãe, não criou as entrevistas, comunidade que não criou nada disso. **A imprensa, às vezes, cria, a imprensa, às vezes, estimula, a imprensa, as vezes, julga, condena ou absolve.** *Mas, neste caso, a imprensa nada mais fez senão ecoar a gravidade do crime. A imprensa nada mais fez senão estender a reação à sociedade, a imprensa nada mais fez senão ser a voz do povo que estava a exigir uma reação contra a impunidade. Indiciar que estou prejulgando, estou adentrando no mérito, não é verdade.* **Estou apenas limitando ao clamor público que pode conduzir à prisão preventiva na fase em que está. Esse clamor é inegável,e, se ele é inegável, ele pode conduzir à prisão preventiva. Pior do que a preventiva de mais dias, mais cinco ou dez dias, é o retrato da impunidade com a assinatura desta Corte, no sentido de que pode matar,matou, assim como interpretará, e está solta antes** *de responder ao processo. Volto, em síntese, a afirmar: o fato de agora é diferente do fato de ontem. Ontem, era a ordem pública, o clamor público. Hoje, é diferente. Hoje o clamor público volta a crescer, a exigir, a forçar uma tomada de posição.* **Esse clamor público está instabilizando a sociedade pela incerteza da segurança quanto à impunidade neste País. O Poder Judiciário não pode permanecer de braços fechados, indiferente, quando a impunidade está a exigir de cada um de nós uma retomada de consciência.** *Denego a ordem de habeas corpus, esperando a compreensão do mestre Nilson Naves, pedindo tolerância por essa interpretação que faço, interpretação que vem da consciência, interpretação que vem ao encontro da aspiração da sociedade brasileira. Não que eu defenda em ser servil à sociedade. Não, não sou. Não que eu defenda medo ou temor da imprensa. Não. A imprensa e a sociedade não têm nenhuma influência sobre mim. Mas penso que, agora, elas falam a voz da razão, falam a voz da necessidade de se preservar os*

> *aspectos que a garantem, de demonstrar que, aqui e acolá, se exigirá a reação do Poder Judiciário na prestação jurisdicional em nosso Pais."*

Tourinho Filho[28] em comentário ao artigo 312 do CPP diz que é mais contrária, ainda, é a prisão provisória sob o fundamento de garantia da ordem pública nos casos em que a imprensa escrita, falada ou televisada estardalhaça o noticiário com condimentos fortes e amargos. Nessas hipóteses o indiciado ou réu precisa de proteção, de algum Juiz que impeça que a Lei Maior da sua terra seja invertida para satisfação e delírio daqueles que desejam a imediata e pronta punição, mesmo porque, desgraçadamente, haveria uma antecipação da pena.

---

[28] TOURINHO FILHO, Fernando da Costa. *Código de Processo Penal comentado. Volume 1.* 6ª Ed. São Paulo: Saraiva, 2001. p. 576

Quando pede justiça, a imprensa clama por vingança. A linha que separa os termos é tênue e confunde o mais experiente julgador. O clamor que em Roma prendia, hoje condena. A notoriedade de João Mendes, que cismou em perseguir após o ato, o agente supostamente criminoso, ceifa garantias e liberdades individuais sem pudor, mas com retórica irretocável.

O ofendido nisto tudo será aquele que clama o clamor, o incauto que o aceita e faz coro sem conhecer o porque de perseguir e sem perceber que ao abrir os olhos pela manhã poderá, sem aviso, assumir o papel inverso.

3.2.3 Gravidade do Delito

Boa consistência doutrinária encontra a justificativa da gravidade do delito para o pedido de prisão preventiva. Por diversas vezes a indicação inicial deste requisito extra legal se dá pelo Ministério Público, que com razões próprias e logicamente plausíveis o aponta sem maiores critérios. Decerto que um membro do *parquet* não olvidará outros requisitos, estes de cunho estritamente legal, mas o fato é que inúmeras decisões de primeiro e segundo grau se pautam na gravidade do delito para decretar a segregação cautelar. Cediço que boa parte da doutrina utiliza este argumento sempre somado a algum outro, para apegar-se do desassossego social que causa a gravidade do crime.

Não raro encontrar comparações entre um estelionato e um homicídio qualificado. Óbvio e evidente que se tratam de tipos penais com qualidade totalmente diversa e que já mereceram por parte do legislador penas diferenciadas.

O que não se deveria admitir é a decretação da prisão por gravidade ou pena cominada quando a previsão legal para tanto já está ultrapassada. Se o legislador desejasse a manutenção deste tipo de prisão, manteria no texto de lei. E que não se cogite inovação no texto do artigo 313, que é diretamente dependente dos requisitos do artigo 312, ambos do Código de Processo Penal.

A crítica de José Frederico Marques[29], à época do pleno vigor da prisão preventiva obrigatória, traz à evidência o equívoco que se torna a adoção do instituto. O que se dirá sua adequação ao texto legal no termo ordem pública, sem qualquer previsão expressa.

Precipuamente, Marques invoca a época pela qual passou a promulgação do Código de Processo Penal, onde aponta o caráter evidentemente *fascista* da lei e marcando a ineficácia e absurdo da coação processual.

> 'A prisão preventiva compulsória é um dos exemplos desse autoritarismo processual que devemos à política direitista do Estado Novo. Transladada do processo penal italiano da era de Mussolini, essa medida de coação é de profunda iniqüidade

---

[29] MARQUES, José Frederico. *Estudos de Direito Processual Penal*. Rio de Janeiro: Forense, 1960. p.228.

e pode dar margem à prática de irreparáveis injustiças.'[30]

3.2.4 Periculosidade do Agente

Nas palavras de Tornaghi[31], põe em perigo a ordem pública quem faz apologia ao crime, quem incita ao crime, quem se reúne em quadrilha. Na verdade, o atentado contra um é ameaça contra todos e a ordem pública se sente convulsionada.

Determinar a periculosidade do agente como fator determinante na decretação da prisão para a garantia da ordem pública é algo que tem utilização fútil ao longo do tempo. Aliar a gravidade do crime à suposta personalidade criminosa do indiciado ou do réu é atitude prematura e passível de reprovação, afinal deve prevalecer a presunção da não culpabilidade antes do transito em julgado da sentença condenatória.

---

[30] Ibid. p. 229
[31] TORNAGHI, Hélio. *Curso de Processo Penal. Volume 2.* 9ª Ed. São Paulo: Saraiva, 1995. p. 93.

Como bem ressalta Nucci[32], é possível considerar, a necessidade de garantir a ordem pública, através da constatação dos maus antecedentes do indiciado ou réu, incluindo-se esse fator na repercussão social causada pelo delito, cometido por pessoa perigosa.

Sob este ponto de vista, não há que se falar em ilegitimidade, ainda que deva pairar sob o prisma do julgador *sempre* a dúvida em favor das garantias constitucionais. No entanto, crer que a reincidência é um fator agravante em desfavor do réu ou indiciado é algo que merece alguma consideração, embora estigma algum deva influenciar uma decisão.

Problema mais sério aparece quando o decreto prisional pautado neste motivo é realizado contra um réu primário. Bons antecedentes operam em favor do réu, sempre. O fato de considerar a gravidade de um crime para se determinar a

---

[32] NUCCI, Guilherme de Souza. *Código de Processo Penal Comentado*. 6ª Ed. São Paulo: RT, 2007. p. 591

periculosidade do suposto causador é de prepotência singular.

A presunção da periculosidade – afinal ela somente será absoluta quando houver um laudo psiquiátrico inconteste neste sentido – vem tornando legítimos os decretos prisionais cautelares, com alguma racionalidade e boa freqüência. O Supremo Tribunal Federal já decidiu:

> Logo, o que se depreende é que o paciente exibe uma história de vida que se caracteriza pela delituosidade, cuida-se de pessoa que já deu mostras de haver optado pela criminalidade como estilo de vida.[33] Em relação à soltura do acusado, continuou o relator: revela-se temerária ou particularmente contrária à garantia da ordem pública.

A demanda por maiores cuidados em se tratando de réu primário se dá para que não haja o abuso ou constrangimento do réu no tratamento do delito a si imputado, principalmente quando afeto à

---

[33] HC 88.114-PB, 1ª T., Rel. Carlos Ayres Brito, 03.10.2006, v.u., DJ 17.11.2006 in Nucci, ob cit. p. 592

gravidade do crime, que como já fora tratado, é abuso que já fora extraído do ordenamento jurídico por tratar-se de verdadeira coação processual.

É para se crer que o esta derivação do texto legal de seu por conta dos delinqüentes contumazes, e não aqueles pontuais. O criminoso pontual, que tem real motivo – ainda que não seja social ou moralmente aceito – para cometer um delito, raramente irá demonstrar uma personalidade criminosa que salte aos olhos do julgador.

Talvez o que de mais nefasto possa ocorrer seja o preconceito do juiz para com o indiciado ou réu. Existem certos tipos penais que já estão verdadeiramente insculpidos no imaginário popular – e também do juiz – que fazem com que a suposta periculosidade do réu se misture com a gravidade do crime e culmine em um decreto prisional prematuro e prejudicial.

3.2.5 Proteção do Réu

Outra circunstância típica, que mais é destacada pela doutrina do que pela jurisprudência atual é o fato de que o réu vem sendo ameaçado por familiares e amigos do ofendido. Muccio já repete em coro o que os autores vêm delimitando em suas obras, no sentido de que a

> preventiva, contudo, já não é indicada para pôr o réu a salvo de ameaças feitas pelos familiares da vítima, ou pela própria vítima, ainda que daí decorra perturbação da ordem pública. A preventiva é prevista para resguardar a ordem pública ameaçada pelo autor do fato, mas não para privar a liberdade de quem é vítima. Caso a preventiva fosse admitida na hipótese levantada, vivenciar-se-ia uma contradição: a preventiva, que é medida odiosa, justificando-se como um mal necessário, acautelando-se o legislador para restringi-la ao máximo, e sempre em respeito à liberdade do indivíduo, seria justificada contra

o cidadão-vítima, o que soa absurdo. [34]

3.2.6 Reiteração da Prática Criminosa

Relevante ponto para estudo, talvez seja a reiteração delitiva o único tópico incontroverso dentro do que fora posto como sendo parte da perturbação da ordem pública. O réu que, quando em liberdade, aproveita seu tempo para reiterar na prática delitiva, merece ter decretada a prisão preventiva. Isto para acautelar o Estado e a sociedade dos males que o réu vinha cometendo. Nota que uma série de suspeitas sobre o mesmo indivíduo não é o suficiente para caracterizar a reiteração.

---

[34] MUCCIO, Hidejalma. *Prática de Processo Penal.* 4ª Ed. Jaú:HM, 2006. p. 136

Nucci[35] aponta que a reiteração na prática criminosa é motivo suficiente para constituir gravame à ordem pública, justificador da decisão da prisão preventiva.

Única aresta a ser aparada, que também tem plena serventia para o requisito de periculosidade do agente, é o fato de que os decretos prisionais que atendes a este espectro são, na verdade, o atestado de falência da segurança pública. Decreta-se a prisão, porquanto se tem a certeza de que o indivíduo, caso seja perigoso, vai voltar a delinqüir, afinal o Estado não tem a capacidade de prover a ordem pública por intermédio de políticas de segurança pública. Com a *vênia* que atende a uma sentença deste tipo, é covardia decretar a prisão de um cidadão, pautado exclusivamente na certeza não da impunidade do delinqüente mas da inércia e incapacidade do

---
[35] Ob cit. p. 593

Estado de garantir a ordem pública por meio da polícia ostensiva.

4. CONCEITOS

4.1 Conceito Doutrinário de Ordem Pública

Mal necessário, meio de se manter a ordem, medida acauteladora de segurança. Fórmula como aquela já citada que fora identificada por Nucci, quesitos, requisitos. Citando o Supremo Tribunal Federal, na década de 1940, Lazzarini trouxe a noção exata, no sentido de que

> O conceito de *ordem pública* é esgueiriço e dificilmente se deixa prender em fórmula completa. Definindo-o, *vari varia dixerunt*, apinhando-se em noções diversas, sem que qualquer delas logre generalidades das adesões.(...) É o que, em outros termos, e mais amplos, constitui a fórmula tão aplaudida de DESPAGNET: a ordem pública se constitui de princípios jurídicos que, dadas certas idéias

> particulares admitidas em determinado país, consideram-se ligados a seus interesses essenciais.[36]

Manoel de Oliveira Franco Sobrinho afirmou que

> Quanto à ordem pública, não sendo uma figura jurídica e nem uma instituição, é, no entanto, uma noção concreta, já que, na sua inteligência, fala de saúde, de trânsito, de costumes, de jogos, de espetáculos e de atividades fiscais. Não se pode dar sentido à noção de ordem pública sem o conhecimento de pressupostos reais que realizam a função administrativa, pois a expressão genérica desdobra-se em funções variadas de interesse público que se efetiva como interesse jurídico protegido.[37]

Tratando do tema, em parceria do mesmo estudo acima citado, JOSÉ CRETELLA JUNIOR,

---

[36] Hely Lopes Meirelles, ob. cit. p. 8
[37] Ibid. Ob cit. p. 9

diz: "A noção de ordem pública é extremamente vaga e ampla. Não se trata, apenas, da manutenção material da ordem na rua, mas também da manutenção de uma certa ordem moral."

É impossível que em alguns séculos não se tenha chegado próximo de um conceito de ordem pública. Decerto que o incauto chegará a alguma conclusão, tal qual todos os autores citados, que nas palavras de Lazzarini, estão aventurando-se em areia movediça.

As interpretações jurisprudenciais são as mais próximas da realidade, vez que quase que a unanimidade dos doutrinadores concordam que a ordem pública somente será corretamente conceituada tendo em vista o local e o momento em que sua verificação seja necessária.

O termo facilmente se encaixa em qualquer situação, porquanto a ordem pública é mais fácil de ser sentida do que contextualizada ou definida, porque ela varia de entendimento no tempo e no espaço segundo sábias palavras de Lazzarini.

Hely Lopes Meirelles[38], com a segurança que lhe era peculiar, definiu ordem pública como sendo

> A situação de tranqüilidade e normalidade que o Estado assegura – ou deve assegurar – às instituições e a todos os membros da sociedade, consoante as normas jurídicas legalmente estabelecidas. A *ordem pública* visa garantir o exercício dos direitos individuais, manter a estabilidade das instituições e assegurar o regular funcionamento dos serviços públicos, como também impedir os "danos sociais", que MARCELLO CAETANO conceitua como "os prejuízos causados à vida em sociedade ou que ponham em causa a convivência de todos os membros dela."

---

[38] Ob. Cit. p. 146.

Luiz Antonio Câmara, com vivacidade e citando vários autores, assevera que

> entre os pressupostos cautelares autorizativos da prisão preventiva este é o que tem recebido as críticas mais agudas. Considerado ambíguo e exageradamente dúctil o seu significado, as censuras que lhe são feitas vão desde a observação no sentido de que não constitui mais que recurso retórico do legislador, até sugestão no sentido de que seja omitido do texto processual, pela completa carência de sentido.[39]

Crítico contumaz e incisivo de parte do ordenamento jurídico, Tourinho Filho define bem boa parte dos ataques que costumeiramente a ordem pública recebe.

> "Ordem pública é fundamento geralmente intocável, sob diversos pretextos, para se decretar a preventiva, fazendo-se

---

[39] CÂMARA, Luiz Antônio. *Prisão e Liberdade Provisória: Lineamentos e princípios do processo penal cautelar.* Curitiba: Juruá, 1997. p. 117

total abstração de que esta é uma coação cautelar e, sem cautelaridade, não se admite, à luz da Constituição, prisão provisória. "Comoção social", "perigosidade do réu", "crime perverso", "insensibilidade moral", "os espalhafatos da mídia", "reiteradas divulgações pela rádio ou televisão", "credibilidade da Justiça", "idiossincrasia do Juiz por este ou aquele crime", tudo, absolutamente tudo, ajusta-se à expressão genérica "ordem pública". E como sabe o Juiz que a ordem pública está perturbada, a não ser pelo noticiário? Os jornais, sempre que ocorre um crime, o noticiam. E não é pelo fato de a notícia ser mais ou menos extensa que pode caracterizar a "perturbação da ordem pública", sob pena de essa circunstância ficar a critério da mídia...Na maior parte das vezes, é o próprio Juiz ou o órgão do Ministério Público que, como verdadeiros "sismógrafos", mensuram e valoram a conduta criminosa proclamando a necessidade de "garantir a ordem pública", sem nenhum, absolutamente nenhum, elemento de fato, tudo ao sabor de preconceitos e da maior ou menor sensibilidade desses operadores da Justiça. E a prisão preventiva, nesses casos, não passará de uma execução sumária. Decisão dessa natureza é eminentemente bastarda, malferindo a Constituição da República. O réu é condenado antes de ser julgado. E se for absolvido? Ainda que haja alguma indenização, o anátema cruel da prisão injusta ficará indelével para ele, sua família e o círculo da sua amizade.[40]

4.2 Conceito Jurisprudencial de Ordem Pública

Do que se origina a jurisprudência dos Tribunais, no sentido de ordenar o conceito de ordem pública no decorrer do tempo, são os infindáveis recursos impetrados pelos defensores dos 'injustiçados', que, com a prisão decretada com base em um critério eminentemente subjetivo, vêem

---

[40] TOURINHO FILHO, Fernando da Costa. *Manual de Processo Penal*. 10ª Ed. São Paulo: Saraiva, 2008. p.627

a possibilidade de aguardar julgamento em liberdade.

Sem dúvida que todos os argumentos anteriormente levantados são utilizados contra os réus, ao que seja a gravidade do crime, o perigo de continuidade delitiva ou a reincidência ainda são utilizados, principalmente em primeiro grau, para se decretar a custódia cautelar de um réu ou indiciado.

Com as exceções que trazem o peso injustificado do clamor público, os decretos prisionais com base na manutenção da ordem pública se manifestam cada vez com mais necessidade técnica, vez que os argumentos em prol dos réus têm aceitação razoável.

No decorrer do tempo, como já fora destacado por alguns dos doutrinadores citados, os conceitos de ordem pública variam ou podem variar. Da mesma forma se destaca a qualidade do agente delinqüente.

Os julgados destacados, por óbvio que não constituem a maioria dos pensamentos ou unanimidade de vontades de um ou todos os tribunais citados. São exemplos claros da mudança na mentalidade dos tribunais, que no decorrer do tempo adequaram o pensamento ao termo, para que pudesse ser formada uma jurisprudência evolutiva e sapiente.

Em julgamento do *Habeas Corpus* onde figuravam três policiais civis, no ano de 1971, o Desembargador Salles Abreu, com seguimento do Des. Adriano Marrey e outros, proferiram voto no sentido de que o paciente

> (...)é funcionário público, com excelente folha de serviços, radicado nesta Capital, circunstâncias que afastam a conveniência do ((carcer ad custodiam)). (...) Após salientar que o paciente é funcionário público, com radicação séria, pois, no local em que reside e trabalha, avança no terreno movediço e frágil das suposições, concluindo que é ((provável)) que ele intimide as testemunhas e

((validamente presumível)) que ((se proponha a desmoralizar a vontade dos depoentes)). Note-se que estas testemunhas já foram ouvidas no inquérito e na sindicância (...). A garantia da ordem pública é outro dos fundamentos do decreto de prisão preventiva do paciente e dos co-réus. Bem anotou o digno Magistrado com esteio na lição de Jean Carbonnier, a prisão preventiva é orientada em direção ao futuro, visando a ((proteger a sociedade contra novos atentados)), de tal sorte que ((seus fins ultrapassam o simples delito que é objeto da instrução)). Mas, para que se pudesse antever o futuro, com a quebra da ordem pública por parte do paciente, necessário seria que um fato anterior, de sua vida, justificasse a apreensão, tornando-a de uma simples possibilidade em evidente probabilidade. E, como se vê dos autos, o paciente é primário, desfruta de bons antecedentes e até mesmo recebeu prêmios em razão de sua atividade no cargo que exerce.[41]

---

[41] RT 433/345

Nota-se que a posição do Tribunal de Justiça de São Paulo diferiu, neste julgamento, não somente por interpretação diversa do conceito de ordem pública, mas também pelo prestígio que o cargo ocupado pelo paciente possuía. Por conhecimento social, ao final da primeira década do século XXI, o entendimento já pode ser diferenciado, e o cargo ocupado pode vir a prejudicar a concessão da liberdade. Nunca, por óbvio, pelo prestígio das instituições, mas pelo conhecimento mais profundo e menos demagógico das condições humanas.

Em fevereiro do mesmo ano[42], o termo ordem pública foi coerentemente trocado por 'segurança pública, que a Justiça deve acudir'. Decerto que os argumentos iniciais foram os mesmos, mas a ordem foi denegada, posto que elementos inerentes à personalidade do paciente não permitiram aos julgadores acreditarem que a liberdade iria garantir o cumprimento da lei.

---

[42] RT 424/292

Em 1987, foi levado ao Supremo Tribunal Federal o julgamento de homicídio, onde na ementa foi apontado que a liberdade provisória não era direito do acusado, mas faculdade concedida ao juiz[43], é ressaltado um endurecimento na decisão. O que há de interessante é que a garantia da ordem pública foi utilizada com a justificativa de que o réu corria riscos caso permanecesse em liberdade. Já foi objeto de análise que esta argumentação não merece amparo.

Em outro julgado, este decorrente de decreto prisional do então juiz de direito da comarca de Poá[44], qualificou o delito do artigo 180 do Código Penal como sendo:

> O delito imputado ao acusado, receptação de veículo, vem cada dia mais ganhando proporções nefastas, constituindo, inclusive, forte preocupação popular. Ademais, o réu responde a outro processo por furto qualificado.

---

[43] LEX Coletânea de Jurisprudência do Supremo Tribunal Federal. V. 09. Nº 97. Janeiro de 1987. p. 359.
[44] RJTACrim, São Paulo, 30:19-497, abr./jun. 1996, p. 361

> Assim, para garantia da ordem pública, defiro o requerimento de fls. 40 e decreto a prisão preventiva de (...)

Decerto que no ideal do Magistrado, o delito de receptação traria nefastas conseqüências porquanto incentivaria os crimes de roubo e furto (que, aliás o réu já estaria sendo processado por este delito). O conceito de que seria mais fácil sentir a ordem pública do que conceituá-la (Lazzarini) está inserido em casos como este. O juiz singular, mais próximo da realidade da comarca conhece a cena criminal local, e tem a certeza de que a ordem pública naquele local poderia ser restaurada ou mantida caso agentes delinqüentes da qualidade do réu permanecessem detidos, ainda que cautelarmente.

Mas o então Tribunal de Alçada Criminal de São Paulo, em 1996, deu razão ao Magistrado, com a ressalva de que

Ninguém questiona que a repressão aos crimes de receptação é de curial relevância para o combate à crescente criminalidade patrimonial, e também pode ser aceita a asserção de que a aludida figura delituosa assume na quadra atual características de gravidade. Trata-se, contudo, de consideração de cunho genérico, e que mais adequadamente haveria de ser endereçada ao legislador penal. Em relação ao caso concreto, e à pessoa do ora paciente, seria indeclinável saber por que razão sua permanência em liberdade tenderia a traduzir ameaça à ordem pública, ou seria justificável para assegurar a aplicação da lei penal ou no interesse da instrução criminal. Não é ao ora paciente, sem razão específica, que haverão de ser carreadas as conseqüências de proliferarem hodiernamente os casos de receptação, e de se mostrar o combate ao receptador, meio eficaz para a desestruturação dos vários elos da criminalidade patrimonial: a persecução e a repressão a qualquer modalidade de delito há de ser realizada ao influxo do conteúdo valorativo já imprimido pelo legislador à norma vigente.[45]

Em vários momentos os Tribunais Superiores foram e são chamados a responder praticamente a mesma pergunta, e por vezes as respostas são as mesmas, mas o caráter subjetivo da matéria faz com que a diversidade de elementos confunda o mais incauto e deixe a segurança jurídica que se espera da lei e das decisões judiciais em segundo plano. O Superior Tribunal de Justiça e o Supremo Tribunal Federal já decidiram sobre o conceito de ordem pública da seguinte forma:

> 'No conceito da ordem pública, não se visa apenas prevenir a reprodução de fatos criminosos, mas acautelar o meio social e a própria credibilidade da justiça em face de gravidade do crime e de sua repercussão' (Superior Tribunal de Justiça, Min. Carlos Madeira, RTJ 124/033).
>
> A preservação da ordem pública não se restringe às medidas preventivas da irrupção de

---

[45]Des. Aroldo Viotti, Relator, in RJTACrim, São Paulo, 30:19-497, abr./jun. 1996, p. 361

conflitos e tumultos, mas abrange também a promoção daquelas providências de resguardo à integridade das instituições, à sua credibilidade social e ao aumento da confiança da população nos mecanismos oficiais de repressão às diversas formas de delinqüência.(Min. Napoleão Nunes Maia Filho, *Habeas Corpus* Nº 145.969 – MG)

A custódia cautelar está devidamente fundamentada na necessidade de garantia da ordem pública, circunstância evidenciada pela periculosidade in concreto do paciente, apontado como um dos lideres de estruturada quadrilha responsável pelo tráfico de elevada quantidade e variedade de drogas, mantendo negócios com traficantes de diversos estados da federação.(Superior Tribunal de Justiça. *Habeas Corpus 131910* Rel. Des. Haroldo Rodrigues – Convocado do TJ/CE)

A repercussão do crime ou o clamor social não são justificativas legais para a prisão preventiva. (Supremo Tribunal Federal RT, 549/417)

Quando o crime praticado se reveste de grande crueldade e violência, causando indignação na opinião pública, fica demonstrada a necessidade de cautela. (Superior Tribunal de Justiça RT, 656/374)

O estado de comoção social e de eventual indignação popular, motivado pela repercussão da prática da infração penal, não pode justificar, só por si, a decretação da prisão cautelar do suposto autor do comportamento delituoso, sob pena de completa e grave aniquilação do postulado fundamental da liberdade. O clamor público – precisamente por não constituir causa legal de justificação da prisão processual (CPP, art. 312) – não se qualifica como fator de legitimação da prisão cautelar da liberdade do indiciado ou do réu, não sendo lícito pretender-se, nessa matéria, por incabível, a aplicação analógica do que se contém no art. 323, V, do CPP, que concerne, exclusivamente, ao tema da fiança criminal. Precedentes. A acusação penal por crime hediondo não justifica, só por si, a privação cautelar da liberdade do indiciado ou réu. (Supremo Tribunal Federal – *Habeas Corpus* 80.719/SP, Rel. Min. Celso de Mello, DJU, 28-9-2001)

O decreto cautelar é medida excepcional não obrigatória, cabendo à autoridade judiciária competente decidir da conveniência ou não de sua imposição, em despacho devidamente fundamentado, apontando as provas da existência do crime e do envolvimento da pessoa do indiciado ou acusado, além de demonstrar, com base em elementos de fato, a necessidade da custódia. O clamor público que justifique a adoção de medidas necessárias para garantia da ordem pública há de ser espontâneo e imediato, constituindo-se em manifestação de pronta revolta da coletividade à atitude tida como socialmente afrontadora. Convocações feitas para manifestos em carreatas e passeatas, com hora e local previamente marcados, através de chamamentos publicados pela imprensa local, não legitimam a imposição da preventiva, com base no mencionado clamor

> público. Inexistindo justificações plausíveis para a mantença da custódia cautelar, não subsiste a premissa da necessidade da prisão para garantia da aplicação da lei penal e/ou da ordem pública. (Superior Tribunal de Justiça. RHC 4.724/PR, DJU, 26.2.1996, p. 4031)

O que há, talvez, de maior relevância na interpretação jurisprudencial do termo ordem pública, excetuado o fato notório de que a atualidade do julgamento traz interpretação adequada àquele, é que as delimitações impostas pelos tribunais superiores aos decretos prisionais mais simples, vêm sendo corrigidos e conferindo maior legitimidade às decisões de primeiro grau.

Os juízes vêm aprendendo com seus 'erros', aumentando em grau máximo a retórica de seus decretos prisionais, de forma a justificar o que é muitas vezes injustificável.

5. Projetos de Lei

Alguns anteprojetos da reforma do Código de Processo Penal já apresentam texto diferido e com o termo ordem pública já suprimido, a exemplo de ordenamentos jurídicos mais modernos, no sentido etário do termo. E é o caso do anteprojeto publicado em 16 de março de 1994, que na nova redação do artigo 312 sugere o seguinte: 'Verificada a existência de crime e de indícios suficientes de autoria, a prisão preventiva poderá ser decretada, se houver fundadas razões de que o indiciado ou o acusado venha a criar obstáculos à regular instrução do processo, à execução da sentença ou praticar novas infrações penais de criminalidade organizada, de ofensa à probidade administrativa, ou mediante violência ou grave ameaça à pessoa.'[46]

---

[46] Luiz Antonio Câmara, ob cit. p. 118, nota 238

Não obstante o artigo publicado no anteprojeto mereça profundas reformas, inclusive no tocante à técnica legislativa, é de se notar o merecimento da necessidade de inclusão de elementos puramente objetivos à norma, estes que dependeriam de prova nos autos e seriam de fácil e imediata identificação, afastando a necessidade que o Poder Judiciário encontrou de se tornar o segundo principal agente da segurança pública nacional, atrás somente das polícias.

O projeto de Lei do Senado nº 156 de 2009[47]traz inovações importantes ao Código de Processo Penal, conferindo mais objetividade ao instituto da prisão preventiva. A previsão de prazo para conclusão do processo e também para a delimitação da prisão preventiva é um avanço, excetuada a possibilidade de dobra do mesmo (180

---

[47] http://www.senado.gov.br/novocpp/pdf/anteprojeto.pdf, acessado em 10.03.2010.

dias) caso haja a interposição de recursos superiores por parte da defesa.⁴⁸

---

⁴⁸ Anteprojeto transformado em projeto de Lei do Senado no 156, de 2009, subscrito pelo presidente do Senado federal, Senador José Sarney.
Art. 544. A prisão preventiva poderá ser decretada como garantia da ordem pública, da ordem econômica, por conveniência da instrução criminal, ou para assegurar a aplicação da lei penal, quando houver prova da existência do crime e indício suficiente de autoria. §1o A prisão preventiva jamais será utilizada como forma de antecipação da pena. §2o A gravidade do fato não justifica, por si só, a decretação da prisão preventiva. §3o A prisão preventiva somente será imposta se outras medidas cautelares pessoais revelarem-se inadequadas ou insuficientes, ainda que aplicadas cumulativamente.
Art. 545. não cabe prisão preventiva: I – nos crimes culposos; II – nos crimes dolosos cujo limite máximo da pena privativa de liberdade cominada seja igual ou inferior a 4 (quatro) anos, exceto se cometidos mediante violência ou grave ameaça à pessoa; III – se o agente é: a) maior de 70 (setenta) anos; b) gestante a partir do sétimo mês de gestação ou sendo esta de alto risco; c) mãe que convive com filho em idade igual ou inferior a 3 (três) anos ou que necessite de cuidados especiais; IV – se o agente estiver acometido de doença gravíssima, de tal modo que o seu estado de saúde seja incompatível com a prisão preventiva ou exija tratamento permanente em local diverso; §1o não incide a vedação de que trata este artigo na hipótese de descumprimento injustificado de outras medidas cautelares pessoais, sem prejuízo da verificação dos demais pressupostos autorizadores da prisão preventiva. §2o Quanto às alíneas a, b e c do inciso III deste artigo, a prisão preventiva poderá ser decretada, excepcionalmente, em face de exigências cautelares de extraordinária relevância, dada a insuficiência de outras medidas cautelares pessoais.

Inobstante tais avanços, verifica-se que a manutenção da ordem pública permanece no texto de lei, o que ressalta do desconhecimento do legislador acerca da polêmica existente. Tão inútil se faz o termo, que no projeto procurou-se evitar aquilo que muito se debate acerca da ordem pública, que é o caso da gravidade do crime. O § 2º do artigo 544 – o novo 312 – delimita que *a gravidade do fato não justifica, por si só, a decretação da prisão preventiva*. Realmente impressiona a manutenção do termo e a inclusão de uma das polêmicas em um parágrafo.

Ao que se pôde entender de tal inclusão, é que a criação de um dispositivo legal cessaria a discussão sobre um determinado tema. Mas a manutenção do termo 'ordem pública' é que constitui

---

Art. 546. Quanto ao período máximo de duração da prisão preventiva, observar-se-ão, obrigatoriamente, os seguintes prazos: I – 180 (cento e oitenta) dias, se decretada no curso da investigação ou antes da sentença condenatória recorrível, observado o disposto nos arts. 15, VIII e parágrafo único, e 32, §§ 2o e 3o; II – 180 (cento e oitenta) dias, se decretada ou prorrogada por ocasião da sentença condenatória recorrível; no caso de prorrogação, não se computa o período anterior cumprido na forma do inciso I deste artigo.

o problema. Todas as criações citadas anteriormente pela doutrina, são, na verdade, criações jurídicas de julgadores de primeiro e segundo graus, que notando a razão se esvair por entre os dedos, foram evidenciando justificativas espúrias, que de tanto amadurecimento e de tantas repetições passaram a fazer algum sentido.

Em se aprovando o projeto do jeito em que se encontra, comprovar-se-á a vontade do Estado em permanecer estacionado com uma lei retrógrada e autoritária, fruto do Estado Novo, com conotações claramente fascista, em pleno século XXI.

A manutenção do poder de detenção arbitrário é justificativa de necessidade do déspota, bem como do administrador incompetente. Não há que se falar em mal necessário, ou garantia da normalidade, quando a segurança jurídica que se espera de um ordenamento sério e eficazmente aplicado existe. Manter este instrumento na legislação é prova contundente da arrogância do poder, da ineficácia da lei punitiva e do enfraquecimento inconteste das instituições.

6. Poder de Polícia de Ordem Pública

Em caráter moderno, vale citar Hely Lopes Meirelles, que em discurso sobre a ordem pública, em preliminar o relacionou diretamente ao poder de polícia. Na citação de diversos autores[49], discorreu com propriedade sobre o conceito de poder de polícia, para posteriormente delimitar e conceituar o termo ordem pública.

> O Estado, na sua acepção mais ampla – União, Estado, Municípios e Distrito Federal –, é dotado de poderes políticos exercidos pelo Legislativo, Judiciário e Executivo, no desempenho de suas atribuições constitucionais, e de poderes administrativos que surgem,

---
[49] Ob. cit. p. 149.

> secundariamente, com seus órgãos da Administração e se efetivam consoante as exigências do serviço público e dos interesses da comunidade.

Neste contexto de poderes administrativos, surge o poder de polícia, dentro do qual encontra-se derivado do mesmo a polícia de manutenção da ordem pública. O poder de polícia, em lição de Caio Tácito é,

> em suma, o conjunto de atribuições concedidas à Administração para disciplinar e restringir, em favor de interesse público adequado, direitos e liberdades individuais. Essa faculdade administrativa não violenta o princípio da legalidade porque é da própria essência constitucional das garantias do indivíduo a supremacia dos interesses da coletividade. Não há direito público subjetivo no Estado moderno. Todos se submetem com maior ou menor intensidade à disciplina do interesse público, seja em sua

formação ou em seu exercício. O poder de polícia é uma das faculdades discricionárias do Estado, visando à proteção da ordem, da paz e do bem estar social.

Também não constitui incerteza doutrinária o destaque que a intervenção estatal tem limites na própria constituição, e que deve atingir estritamente o necessário para o exercício do poder administrativo, sob pena de abuso e responsabilização do agente público.

A coalizão do poder de polícia da ordem pública, inicialmente descrita por Hely Lopes Meirelles para o sentido estrito da palavra, caberia inicialmente às Polícias Militares[50], estendendo-se a vários setores na defesa do cidadão, da coletividade e do próprio Estado.

Temos, assim, a *polícia administrativa*, a *polícia judiciária* e a *polícia de manutenção da*

---
[50] Ob cit.p. 151

> *ordem pública*. Todo esse mecanismo administrativo e judiciário visa a preservar o que genericamente se conceitua como *direito à segurança*, a que fazem jus todos os integrantes dos Estados civilizados, sem distinção de pessoa, raça ou credo. Esse direito não se limita à proteção do indivíduo somente quanto à sua incolumidade física, mas se estende a todos os bens da pessoa humana, relacionados com a sua conduta civil, familiar, profissional ou social.

6.1 Formas de manutenção da ordem pública

A ordem pública, qualquer que seja sua justa definição – que aqui adotada como sendo a normalidade -, pode ser mantida de forma repressiva, preventiva ou restaurativa. A preventiva cabe às polícias, que ostensivamente e cumprindo, seu mister constitucional, atua diretamente junto à sociedade para coibir práticas delituosas que possam abalar a ordem pública, ou a normalidade.

A repressiva e restaurativa, cabe à polícia judiciária, que na lição de Hely Lopes Meirelles[51], é aquela que o Estado exerce sobre as pessoas sujeitas à sua jurisdição, através do Poder Judiciário e de órgãos auxiliares, para a repressão de crimes e contravenções.

A repressão dos crimes se dá pelo exercício da pretensão punitiva do Estado, que se exerce pela aplicação das penas aos condenados definitivamente. A função reparativa da manutenção da ordem pública surge quando o Poder Judiciário identifica um desequilíbrio na normalidade e se vê no dever de reparar o abalo.

6.2 Papel do Poder Judiciário na manutenção da ordem pública

---

[51] Ibid. p. 153

Como anteriormente destacado, o Poder Judiciário tem função fundamental dentro do ordenamento jurídico atual na manutenção da ordem pública. Dever cívico e moral de todo cidadão, a manutenção da ordem pública torna-se faculdade legal do julgador pela disposição do disposto no artigo 312 do Código de Processo Penal.

O dispositivo legal autoriza o Poder Judiciário, presentes as condições específicas objetivas e subjetivas do caso, a determinar a segregação cautelar do indivíduo que tenha, por ventura, infringido disposição penalmente punível.

Já fora definido por boa parte da doutrina e jurisprudência, que um ataque à ordem pública pode causar abalo na sociedade, acionando o clamor público, a notoriedade pública de um delito e seu causador, ser especialmente destacado pela gravidade do delito, pela violência com que fora cometido, pelo resultado danoso ou pelo potencial danoso da ação criminosa, entre outros elementos já citados ou que venham a ser criados para definir ordem pública.

O Poder Judiciário, quando provocado, mediante a violação de uma norma legal manifesta-se em duas vertentes já citadas, a repressiva e a restaurativa.

6.2.1 A repressão à violação da ordem pública

Não há instrumento mais eficaz à repressão à violação da ordem pública do que a aplicação da pena. Pelo menos na sensação que transmite a aplicação da pena ao cidadão. O sentimento mais primitivo, que é o da vingança é suprido no momento em que se vislumbra o suposto delinqüente sob grilhões. Carrara, em sua obra destacou, que entre os homens primitivos a idéia de pena nasceu como conseqüência do sentimento de vingança.⁵²

Em sentido estrito, a vingança particular evoluiu para a vingança divina, para a vingança coletiva, vez que entendeu-se que o delito teria ofensa a todo um núcleo social. A evolução da teoria da pena, que não é objeto deste estudo, chegou à conclusão de que a pena é,pois, desde sua origem, reação social (conservação) contra as ações anti sociais.⁵³

Pronta resposta à esta violação, entretanto, é a decretação da prisão preventiva. Como dito, para o leigo, a simples noção de prisão já comporta a sensação de pena, o que acalma o clamor público na espera de um futuro julgamento. Ainda que não se trate de prisão definitiva, a decretação da prisão preventiva tendo como pilar a manutenção da ordem pública, tem por um de seus

---

⁵² Ob cit. p. 44
⁵³ SHECAIRA, Sérgio Salomão. *Teoria da Pena*. São Paulo:RT, 2002. p. 25

objetivos a repressão dos instintos do criminoso e advertindo ao candidato a criminoso que o Estado dá pronta resposta á qualquer violação da ordem pré estabelecida.

6.2.2 A restauração da ordem pública

A restauração significa que algo foi deteriorado, perdido parcialmente. A ordem pública pode sofrer abalos, no sentido de que a sensação de normalidade e segurança foram quebradas.

Provocado pela perturbação na ordem, o Poder Judiciário deve agir de pronto para que não existam outros abalos e para restauras o que fora danificado. A prisão preventiva vem servindo para este mister, inclusive para garantir que o cidadão tenha a sensação de que existe segurança jurídica na aplicação da lei.

Conceitualmente, e tendo em vista o aceite de parte da doutrina acerca da existência do vernáculo no ordenamento jurídico, há que se aceitar a figuração que o Poder Judiciário vem tomando frente à provocação do clamor público.

Na realidade, a aplicação da lei no caso concreto não exige imaginação, ou pelo menos não deveria exigir. Definir que a ordem pública foi abalada, também não exige um exercício muito intenso. O julgador sabe quando isto acontece, mas é incapaz de transmitir tal sensação sem demandar muita retórica e dar margem a interpretações negativas de sua justificativa.

Como restaurar aquilo que não se vê? E porque fazê-lo? A primeira resposta é simples, correspondendo ao clamor público e decretando-se a prisão preventiva com base em dados empíricos constantes nos autos. E o porque parece mais simples ainda: para manter-se a credibilidade do Judiciário, custe o que custar e abale a quem abalar.

Decerto que pela análise realizada, o ato de decretar a prisão é tão hediondo quanto o crime que é pauta de julgamento. Mas não o é, pela aceitação popular do instituto, e pelo que se considera um mal necessário na manutenção de um equilíbrio quase que imaginário, que somente não é mantido fora do âmbito judiciário pela inoperância do Estado e arrogância do legislador.

Conclusão

Por influência clara do Estado Novo, sob o comando do Presidente da República Getúlio Vargas, ao receber a promulgação do Decreto Lei 3.689 de 3 de outubro de 1941, o Código de Processo Penal, que hoje mais é uma colcha de retalhos – tantas e tamanhas modificações que sofreu – por influência clara e direta de um governo autoritário e chamado por alguns de fascista, o Brasil viu uma era nascer.

A modernidade do instituto processual, na época não contrastou tanto com o caráter autoritário da norma por ser o regime em então vigor um ditatorial. No entanto, após lapsos de liberdade intelectual, o que se vive após 1985 é o período mais longo em liberdade e democracia – sem interrupções

– o que acarretou em uma nova carta constitucional, e em pensamentos inovadores que deverão pautar as discussões jurídicas nas próximas décadas.

Os resquícios do autoritarismo ainda perduram no ordenamento jurídico pátrio, não por inércia no processo legislativo, mas pela cautela – sapiente - que se exige na adoção de inovações legais processuais e objetivas.

Um bom exemplo disto é a persistência do termo 'ordem pública' no ordenamento jurídico pátrio. Este termo autoriza ao juiz a interpretação da lei da maneira que melhor lhe convém. Nada mais justo em um Estado autoritário as instituições estarem munidas de poderes que invistam na perpetuação do poder, na manutenção de um *status quo* tão frágil quanto brutal. É claro que cogitar que o Poder Judiciário não tinha liberdade em uma determinada época para julgar o que lhe aprouvesse, é desmerecer uma história tão digna quanto brilhante. Mas os posicionamentos políticos dos julgamentos sempre existiram e sempre irão existir, e um ordenamento jurídico que confere poderes extraordinários é sempre bem proveitoso a um regime duvidoso.

Desde então a magistratura dispõe de um elemento de poder que não condiz com aquilo que os conhecedores da liberdade entendem por justo e perfeito: a possibilidade de segregar um cidadão, com motivos que pode criar e, utilizando-se de retórica, manter por tempo indeterminado.

O Supremo Tribunal Federal, respondendo às súplicas da classe dos advogados, que diuturnamente entopem as mesas dos juízes com certezas constitucionais, declarou que nenhum direito é absoluto[54], fixando nas mentes dos mais renomados juristas que tudo é relativo, e que o bom senso e a proporcionalidade devem imperar.

Com este tipo de afirmativa, aliado à subjetividade das conclusões, supõe-se que tudo é

---

[54] http://www.jusbrasil.com.br/noticias/89537/para-joaquim-barbosa-condenacao-em-segunda-instancia-e-suficiente-para-inelegibilidade. Acessado em 15.03.2010.

possível quando o interesse público está em pauta, até mesmo ferir a ordem constitucional estabelecida, na ocasião da prisão de um cidadão, desde que o bom senso esteja presente na decisão.

Não há aberração maior do que aliar a ordem pública à credibilidade do Poder Judiciário. Com a devida licença dos julgadores que vêm utilizando este termo, há que se lembrar a solidez da instituição, e a desnecessidade de agradar a um ou outro. O Judiciário não precisa de publicidade, de notoriedade ou atenção indevida. Dentro dos muros sagrados dos Tribunais reina, ou deveria reinar, a imparcialidade, o império da lei deveria ser respeitado, não importando quem esteja sofrendo com esta ou aquela decisão.

Quem sujeita a vida de outrem, vislumbrando a atenção ou repercussão que esta ou aquela decisão vai criar, não somente está sendo parcial, mas vaidoso de sua posição 'privilegiada' e temeroso acerca do futuro da instituição.

Por mais que se tente, e reinserindo toda a retórica utilizada para justificar a utilização em larga escala da prisão arbitrária, não é possível encontrar uma utilização sequer da manutenção da ordem pública que não tenha merecido o combate dos justos.

A realidade é que o termo não comporta uma definição simples ou complexa, e definitivamente significa a sensação de normalidade que paira em uma sociedade. A ordem pública nunca será violada, porquanto uma sensação, uma noção abstrata. O máximo que ocorre é uma descompensação neste ou naquele aspecto que envolve a normalidade. Daí a se cogitar que um ser humano possa sofrer agruras dignas de torturados na idade média, por conta de uma sensação, ou por fruto da vaidade, prepotência ou até mesmo ignorância é péssimo para um país.

Infelizmente, mais fácil é descumprir a constituição do que desagradar ao clamor público.

Para concluir, cita-se o magnífico trabalho de Solveig Fabienne Sonnenburg[55], que cita Fabio Konder Comparato, nos seguintes termos:

> O ser humano só realiza integralmente as suas potencialidades, isto é, somente se aproxima do modelo superior de pessoa, quando vive numa sociedade cuja organização política não se separa das exigências éticas e regula, de modo harmonioso, todas as dimensões da vida social.

E conclui:

---

[55] Tese de Mestrado apresentada à Universidade Presbiteriana Mackenzie. Cidadania e o exercício do poder de polícia. Disponível em: - *http://mx.mackenzie.com.br/tede/tde_busca/processaPesquisa.php?PHPSESSID=06151039d7b69059c0a82d0883af2380&nrPagina=1&pesqExecutada=0&nrExpressoes=1&campo%5B0%5D=TODOS&texto%5B0%5D=sonnenburg&Submit=Buscar+%BB&qtdRegPagina=5* acessado em 20.03.2010.

> De fato, muitas vezes o comportamento da sociedade identifica o caráter de seu governo. O respeito do Estado forma o cidadão. Reitere-se que o Estado existe para o cidadão, e não o contrário. A regra administrativa até então aplicada apenas serve para repelir o administrado, cuja realidade vislumbra a dicotomia bem delimitada, situando-se ele, numa ponta, e a Administração, em outra. É chegado o momento de união, para que o Estado resista a tantas transformações e o indivíduo não se perca de suas origens, mantendo-se, como sempre foi ou deveria ser, a razão de existência do próprio Estado.

É chegada a hora de conscientizar o legislador de que os tempos ditatoriais se foram, que a sociedade anseia pela segurança jurídica que a constituição de 1988 lhe proporcionou, e que os alarmes de segurança pública sempre tocarão mais alto nos bolsos dos alarmistas do que no coração povo, que é ferido toda vez que uma arbitrariedade é cometida.

Referências Bibliográficas

ACQUAVIVA, Marcus Cláudio. *Dicionário Jurídico Brasileiro*. 12ª Ed. São Paulo: Jurídica Brasileira, 2004

BECCARIA, Cesare. *Dos Delitos e das Penas*. 2ª Ed. Tradução J. Cretella Jr e outra. São Paulo: RT, 1999

CÂMARA, Luiz Antônio. *Prisão e Liberdade Provisória: Lineamentos e princípios do processo penal cautelar*. Curitiba: Juruá, 1997.

CARRARA, Francesco. *Programa do curso de direito criminal. Volumes I e II* Tradução de Ricardo Rodrigues Gama. Campinas:LZN, 2002.

CORREA, Plínio de Oliveira.*Legitimidade da prisão no direito brasileiro*. 2ª Ed. Porto Alegre: SAGRA, 1991.

DINIZ, Maria Helena. *Dicionário Jurídico*. São Paulo: Saraiva, 1998.

NORONHA, E. Magalhães. *Curso de Direito Processual Penal*. São Paulo: Saraiva, 2002.

NUCCI, Guilherme de Souza. *Manual de Processo e Execução Penal*. 5ª Ed. São Paulo: RT, 2008.

NUCCI, Guilherme de Souza. *Código de Processo Penal Comentado*. 6ª Ed. São Paulo: RT, 2007.

MARQUES, José Frederico. *Estudos de Direito Processual Penal*. Rio de Janeiro:Forense, 1960.

MEIRELLES, Hely Lopes e outros. *Direito Administrativo da Ordem Pública*. 2º Ed. Rio de Janeiro:Forense, 1987.

MIRABETE, Julio Fabrini. *Processo Penal*. 18ª Ed. São Paulo:Atlas, 2005.

MUCCIO, Hidejalma. *Prática de Processo Penal*. 4ª Ed. Jaú:HM, 2006.

SHECAIRA, Sérgio Salomão. *Teoria da Pena*. São Paulo: RT, 2002.

TORNAGHI, Hélio. *Manual de Processo Penal. V. 1*. São Paulo:Freitas Bastos, 1963.

TORNAGHI, Hélio. *Curso de Processo Penal. Volume 2*. 9ª Ed. São Paulo: Saraiva, 1995.

TOURINHO FILHO, Fernando da Costa. *Código de Processo Penal comentado. Volume 1*. 6ª Ed. São Paulo: Saraiva, 2001.

TOURINHO FILHO, Fernando da Costa. *Manual de Processo Penal.* 10ª Edição. São Paulo:Saraiva, 2008.

Periódicos Jurisprudenciais

LEX Coletânea de Jurisprudência do Supremo Tribunal Federal. V. 09. Nº 97. Janeiro de 1987.

RJTACrim, São Paulo, 30:19-497, abr./jun. 1996

Internet

Sítio do Senado Federal – Projeto de Lei, disponível em http://www.senado.gov.br/novocpp/pdf/anteprojeto.pdf

SONNENBURG, Solveig Fabienne. Cidadania e o exercício do poder de polícia. Disponível em: http://mx.mackenzie.com.br/tede/tde_busca/processaPesquisa.php?PHPSESSID=06151039d7b69059c0a82d0883af2380&nrPagina=1&pesqExecutada=0&nrExpressoes=1&campo%5B0%5D=TODOS&texto%5B0%5D=sonnenburg&Submit=Buscar+%BB&qtdRegPagina=5

ANJOS FILHO, Robério Nunes dos, disponível em http://www.ibec.inf.br/roberio.pdf

Tribunal de Justiça do Estado de São Paulo WWW.tj.sp.gov.br

Supremo Tribunal Federal WWW.stf.gov.br

Superior Tribunal de Justiça WWW.stj.gov.br

www.ingramcontent.com/pod-product-compliance
Lightning Source LLC
Chambersburg PA
CBHW020926180526
45163CB00007B/2895